www.ingramcontent.com/pod-product-compliance
Lightning Source LLC
Chambersburg PA
CBHW020552220526
45463CB00006B/2272
* 9 7 8 1 6 5 3 6 2 3 4 8 8 *